마음과 영혼을 위한 명상

루이스 헤이의 내면의 지혜

INNER WISDOM

by Louise L. Hay

Copyright ⓒ 2000 by Louise L. Hay
Original English Language Publication by Hay House, Inc., California, USA.
Korean translation rights arranged with Hay House, Inc, USA and Starlight Publishing Inc., Seoul Korea through Interlicense Ltd.
Korean Edition Published by Starlight Publishing

이 책의 한국어판 저작권은 원저작권자의 독점 계약으로 도서출판 스타라잇에 있습니다.
신저작권법에 의하여 저작권 보호를 받는 서적으로 무단 전재와 복제를 금합니다.

마음과 영혼을 위한 명상

루이스 헤이의
내면의 지혜

루이스 엘. 헤이 지음 | 엄남미 옮김

Starlight

| 소개 |

　우리 내부에는 우리가 알고 있는 것보다 훨씬 더 깊고 위대한 지혜의 센터가 존재합니다. 이 책에 소개된 명상들은 내면의 깊은 센터로 들어가 연결하는데 도움을 주기 위해 기획되었습니다.

　우리는 삶을 이해하기 위해 의식을 확장하고, 더 확대된 의식으로 들어감으로써 깊은 내면의 고요함을 느낄 수 있습니다. 삶의 문제들을 다룰 때마다 새로운 의식의 문을 연다면 삶은 보다 좋은 방향으로 바뀔 수 있습니다. 우리의 단 하나의 목적은 삶을 이해하고 그것이 어떤 방식으로 작용하는지 이해함을 통해 더욱 성장하는 것입니다.

　내가 진정으로 알 필요가 있는 것은 무엇일까요? 삶이 가능한 더 순조롭게 흘러가도록 하기 위해 알아야 할 것과 믿고 이야기해야 할 것은 무엇일까요?

우리 모두에게는 근원에 접속할 수 있는 능력이 탑재되어 있습니다. 우리는 그 근원 안에서 어려운 시기를 견뎌낼 힘을 주는 내면의 지식과 평화를 찾을 수 있습니다. 그리고 삶을 보다 큰 그림에서 볼 수 있습니다. 그때 지금 하는 고민들이 얼마나 작은 것인지 알게 됩니다. 우리는 진심으로 이 말을 이해해야 합니다.

"사소한 것에 목숨 걸지 마세요. 그것들은 정말 모두 사소한 것입니다."

우리의 내면에는 그렇게 찾아 헤매던 모든 질문에 대한 답이 들어 있습니다. 그러니 "나는 잘 모르겠어!"라고 말하지 마세요. 그 말은 우리가 무한한 지혜의 근원으로 들어갈 수 있는 문을 닫아버립니다.

우리는 진실로 과거와 현재, 미래를 알고 있습니다. 우리 모두는 축복받은 자기 자신의 심리 전문가입니다. 만약 누군가가 스스로 치유했다면 우리 역시 그렇게 할 수 있습니다.

우리는 자신을 더 잘 알고 이해할 수 있는 잠재력을 지니고 있습니다. 또한 삶의 보다 크고 위대한 그림을 볼 수 있는 능력도 지니고 있습니다.

오늘 아침 어떤 마음 상태로 침대에서 몸을 일으켰나요? 그

날 어떤 경험을 하게 될지는 하루를 시작하는 방식에 달려 있습니다. 이 책은 여러분이 하루를 시작하는 가장 좋은 방법이 될 것입니다.

아침에 일어나자마자 아무 페이지라도 펼쳐서 눈이 가는 부분을 소리 내어 읽어 보세요. 우연히 펼친 페이지가 여러분을 위한 완벽한 명상의 메시지가 될 수 있습니다.

저도 매일 아침 일어나자마자 의식을 고양하는 행복한 생각을 하는 것을 좋아합니다. 저는 그렇게 하루를 시작하고 또 마무리합니다. 편안한 마음으로 잠들고 좋은 꿈을 꾸고 싶다면 이 책을 자기 전에 읽어 보세요. 다음 날 아침 맑고 평온한 의식으로 일어나게 될 것입니다.

기억하세요. 삶의 광대한 무한함 속에서 모든 것은 완벽하고 온전하고 완전합니다. 그리고 여러분도 그러합니다.

루이스 엘. 헤이

| 목차 |

소개 … 4

나는 내 삶에 "Yes"하는 사람입니다 … 14
나는 진리 안에서 중심이 잡혀 있고 평화롭습니다 … 16
나는 모든 삶의 단계에서 나 자신을 치유합니다 … 18
나는 내 몸의 모든 부분을 사랑하고 받아들입니다 … 20
나는 내 완전한 존재가 빛으로 진동하게 합니다 … 22
나를 만지는 모든 손은 치유의 손입니다 … 24
나는 치유의 다음 단계를 밟고 있는 중입니다 … 26
우리 집은 평화로운 천국의 안식처입니다 … 28
내 수입은 꾸준히 증가합니다 … 30
나는 항상 완벽하게 보호받습니다 … 32
나는 무한한 가능성과 잠재력이 있습니다 … 34
나는 지금의 나 자신을 완전히 사랑합니다 … 36
내 사업은 번창합니다 … 38
나는 세상 모든 사람이 안전할 수 있도록 서로 사랑하는 것을 돕습니다 … 40
나는 모든 한계를 넘어섭니다 … 42
나는 변화하는 것이 점차 쉬워 집니다 … 44
나는 기꺼이 내 안의 위대함을 볼 것입니다 … 46
올해 나는 긍정적인 변화를 위해 정신적인 작업을 합니다 … 48
그것은 단지 생각일 뿐입니다. 그리고 생각은 바뀔 수 있습니다 … 50
나는 삶의 모든 부분과 연결되어 있습니다 … 52
나는 몸이 주는 메시지를 듣습니다 … 54
나는 내 미래를 지금 창조합니다 … 55

나는 삶으로 가는 새로운 문을 엽니다 … 56
나는 다른 사람들이 그들 자신이 되도록 허용합니다 … 58
나는 내 아이들과 개방적으로 의사소통합니다 … 60
나의 세상에서 나는 안전하고 안정적입니다 … 62
나는 사랑하고 사랑받을 가치가 있습니다 … 64
나는 모든 죄책감을 놓아줍니다 … 66
나는 나의 내면세계를 평화롭게 유지합니다 … 68
나는 긍정적으로 말하고 생각합니다 … 70
나는 순수영혼입니다 … 72
나는 항상 완전히 모든 상황에 적응합니다 … 74
나는 계속해서 믿을 수 없는 축복의 선물을 받습니다 … 76
나는 내가 나인 것을 사랑합니다 … 78
내 모든 관계들은 사랑의 원으로 둘러싸여 있습니다 … 80
나는 자유롭고 평화롭습니다 … 82
나는 사랑으로 숨을 쉬고 삶과 하나 되어 사랑으로 함께 흐릅니다 … 84
나는 부정적인 에너지를 놓아줍니다 … 86
나는 과거를 편안하게 놓아주고 삶의 과정을 신뢰합니다 … 88
나는 기쁨을 누릴 가치가 있는 사람입니다 … 90
나는 긍정적인 생각들로 내 마음의 프로그램을 다시 짭니다 … 92
나는 사랑에 의해 동기부여 됩니다 … 94
나는 지금 있어야 할 곳에 있습니다 … 96
나는 매일 하루도 빠짐없이 감사를 전합니다 … 98

나는 나를 포함하여 모든 사람을 용서합니다 … 99
나는 내 직업을 통해 큰 기쁨을 느낍니다 … 100
나는 내 삶에서 '~해야만 해'라는 강한 의무의 말을 삭제합니다 … 102
나는 평화롭게 잠이 듭니다 … 104
나는 건강한 에너지로 꽉 차 있습니다 … 106
모든 문제에는 반드시 해결책이 있습니다 … 108
나는 영원을 통해 끊임없이 여행하는 과정에 있습니다 … 110
나는 긍정적인 생각에 머뭅니다 … 112
나는 여기 있어야 할 완벽한 시간대에 있습니다 … 114
나는 내가 나를 위해 창조한 모든 것을 사랑합니다 … 116
나는 나를 지금 있는 그대로 인정하고 사랑합니다 … 118
나는 이 지구의 모든 사람과 하나입니다 … 120
나는 내 존재의 진실한 자아를 인식합니다 … 122
나는 독특하고 개성있는 자아입니다 … 124
나는 자연스럽게 승리합니다 … 125
나는 자신을 있는 그대로 자유롭게 표현합니다 … 126
나는 내 안에 있는 무한 지성을 믿습니다 … 128
나는 조화로운 완전체의 일부입니다 … 130
나는 우리 가족을 사랑으로 축복합니다 … 132
나는 기꺼이 변화하고 성장합니다 … 134
나는 내면의 지혜를 따릅니다 … 136
이 세상은 지구에 있는 천국입니다 … 138

나는
내 미래를
지금 창조합니다

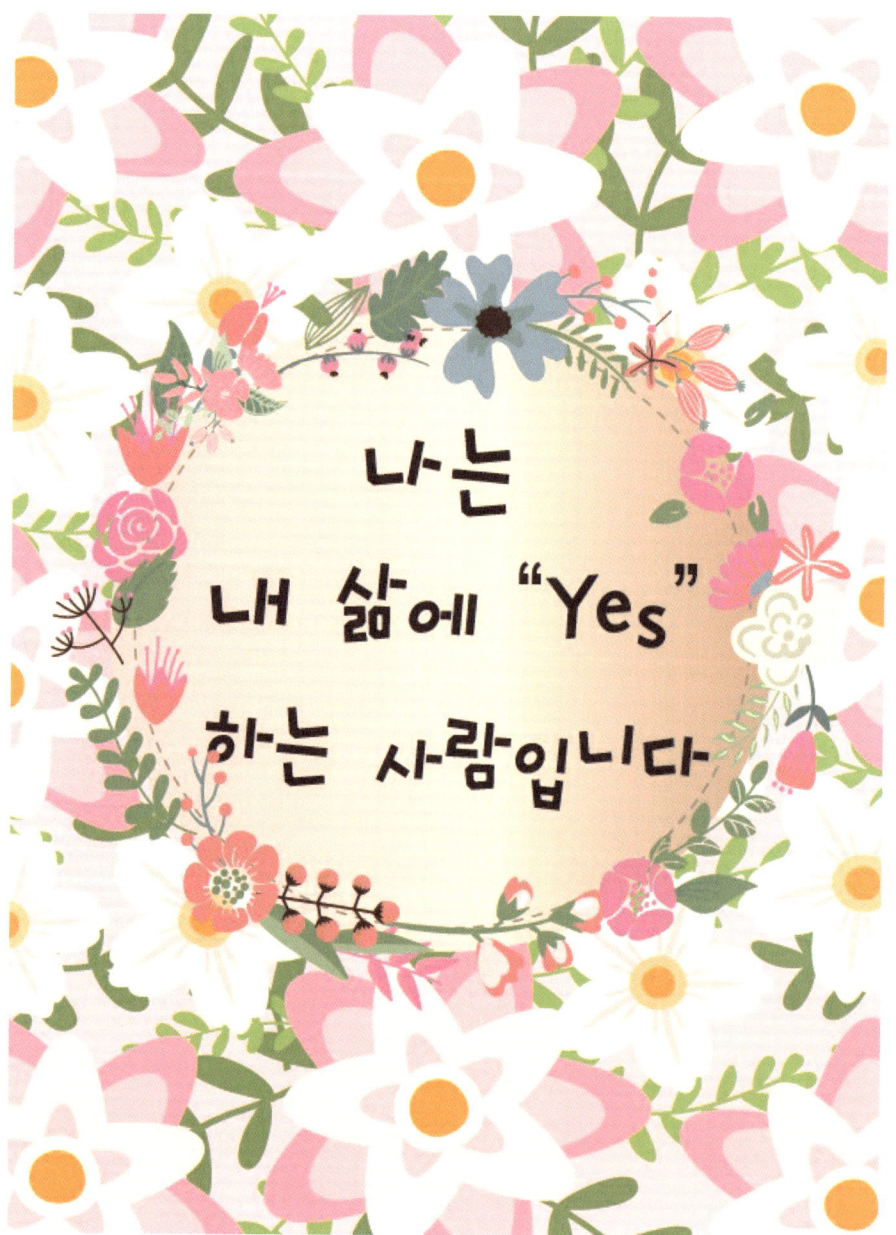

나는 삶의 모든 것들과 하나입니다. 나에게는 무한한 지혜가 있습니다. 무한한 지성이 나를 감싸고 있습니다. 나는 우주가 가능한 모든 방식을 동원하여 나를 긍정적으로 지지한다는 것을 알고 있습니다. 나는 우주의 지지와 도움을 받고 있습니다. 나는 우주의 보호 아래 있습니다. 나는 삶에 의해 창조되었고, 내 모든 욕구가 채워지는 이 지구라는 행성에 태어났습니다.

내가 무엇을 믿고 생각하고 말하든, 우주는 항상 "예스(알았어!)"라고 대답합니다. 나는 내 시간을 부정적인 생각과 주제에 낭비하지 않습니다. 나는 기회와 풍요로움에 마음의 문을 열고 "예스"라고 말하고 도전합니다. 나는 모든 좋은 것들에 "예스"라고 말합니다. 나는 '예스'라는 세상에 사는 "예스"라고 말하는 긍정적인 사람입니다. 그리고 우주는 늘 "예스"라고 대답합니다.

나는
진리 안에서
중심이 잡혀 있고
평화롭습니다

　내가 어디에 있든, 그곳에는 영혼과 신이 있습니다. 또 무한 지성의 선과 무한한 지혜가 있습니다. 그곳은 무한한 조화와 사랑만이 존재합니다. 그것 외엔 다른 어떤 식으로도 존재할 수 없습니다. 이원성은 없습니다. 모두가 다 하나입니다. 해결책이 없는 문제는 존재하지 않습니다.

　이 세상에는 이미 당신이 가지고 있는 문제를 해결한 사람들이 있습니다. 그렇기에 해결책은 반드시 존재합니다. 나는 지금 신성이 인도하는 올바른 해결책을 찾기 위해 문제를 뛰어넘기로 선택합니다.

　신성의 올바른 때와 해결책은 지구라는 행성에 진실한 조화를 가져다 줄 것입니다. 어떠한 혼란과 불협화음, 불일치도 결국 올바른 방향으로 해결될 것입니다. 나는 이런 혼란의 시대에서 기꺼이 배우고 성장하고자 합니다. 나는 모든 비난을 놓아주고, 내면으로 들어가 진리를 찾습니다.

나는 나 자신을 위해 선언합니다. 나는 오직 긍정 확언을 합니다. 나와 모든 사람들을 위해 평화, 안전, 조화 등 자아를 위한 깊은 사랑의 감정을 선언합니다.

나는 강력하게 매일 확언합니다. 나는 기꺼이 다른 사람들을 사랑하겠습니다. 나는 진리 안에서 항상 중심이 잡혀 있고, 매일 즐겁게 삽니다. 모든 것이 다 좋습니다. 나는 안전합니다.

나는
모든 삶의 단계에서
나 자신을 치유합니다

지금 지구는 치유의 때를 맞이하고 있습니다.

나는 내면으로 들어가 나의 일부에 접속합니다. 우리의 내면은 자신을 어떻게 치유해야 하는지 잘 압니다. 치유 작업을 하는 동안 나는 자신의 능력을 발견할 것입니다.

나에게는 강력한 치유의 힘이 있습니다. 나는 파워풀한 사랑의 힘입니다. 나는 믿을 수 없을 정도로 큰 능력이 있는 사람입니다. 모든 가능한 수준에서 나 자신을 진정으로 치유하기 위해 나는 새로운 삶의 단계로 나아갑니다. 나는 더욱 정진해서 의식의 높은 수준을 향해 기꺼이 올라가겠습니다.

나는 영혼입니다.

나는 영적인 존재가 되어가고 있습니다.
나는 자유롭게 나 자신과 세상을 돕습니다.
나는 자유입니다.

치유에 있어서 나를 가장 완전하게 만드는 것은 수용입니다. 자신을 있는 그대로 받아들이는 것은 치유에서 가장 큰 부분을 차지합니다. 자신을 모든 면에서 완전히 받아들이면 치유될 수 있습니다.

내가 잘했을 때도 나는 나를 수용합니다. 그렇지 못했을 때도 나는 나를 받아들입니다. 내가 겁에 질려서 떨고 있을 때에도 나를 있는 그대로 받아들입니다. 내가 바보처럼 우스꽝스러울 때도 나는 자신을 받아들입니다. 아주 영리해져서 번뜩이는 아이디어가 솟구칠 때도 나를 받아들입니다. 창피를 당했을 때도 나를 받아들입니다. 내가 승리할 때에도 나는 나를 받아들입니다. 내가 죄책감을 느낄 때도 나를 받아들입니다. 수치심을 느낄 때도 나는 나를 받아들입니다. 이렇게 내 모든 부분을 받아들입니다.

내가 가진 문제의 대부분은 자신을 완전히, 그리고 무조건적으로 사랑하지 않고 거부하는 데서 생겨납니다. 나는 과거를 풍부한 경험으로 가득한 삶의 체험이었다고 여기겠습니다. 나의 못난 과거를 배움과 교훈의 시간으로 바라보겠습니다. 만약 과거의 경험이 없었다면 나는 오늘, 지금 여기에 있을 수 없습니다.

내가 자신의 모든 면을 받아들일 때, 완전하고 온전하게 치유될 것입니다.

나는
내 완전한 존재가
빛으로 진동하게 합니다

　나는 마음속 깊은 중심의 에너지 센터로 들어갑니다. 그곳에는 형용할 수 없이 밝은 빛이 있습니다.
　에너지 중심 차크라에는 말로 표현할 수 없는 아름다운 빛이 존재합니다. 그 빛의 작은 점을 찾아 집중합니다. 그 빛의 색은 너무나도 아름답습니다. 그 빛이 나의 치유 색이고, 사랑과 치유 에너지의 중심입니다.
　진동하는 작은 점과 같은 빛이 점점 커져서 내 심장을 채우고, 더욱 크게 퍼져 나갑니다. 나는 그 빛이 내 정수리에서 손톱과 발톱 끝까지 뻗어 나가게 합니다. 나는 이 아름다운 빛과 함께 빛나고 있습니다. 이 아름다운 빛이 바로 나의 사랑과 치유 에너지입니다.

나는 자신에게 이렇게 말합니다.

"나는 숨을 들이마시고 내쉴 때마다 치유된다."

내가 숨 쉴 때마다 몸의 불편한 증상이 깨끗이 청소되고 있음을 느낍니다. 나는 나로부터 뿜어져 나온 그 빛을 나와 세상의 특별한 장소에 닿게 합니다.

내가 닿기를 바라는 곳에 아름다운 치유와 사랑의 빛을 보내어 그 빛으로 세상의 불편한 증상을 치유합니다.

나를 만지는 모든 손은
치유의 손입니다

나는 소중한 존재입니다. 우주는 나를 정말로 사랑합니다. 또한 나는 우주로부터 무한한 사랑을 제공받습니다.

내가 나에 대한 사랑을 키우면 키울수록, 우주 역시 그 사랑을 거울처럼 반사해 나에게 전해줍니다. 사랑은 더욱 커져 풍족하게 사랑의 증거를 보여줄 것입니다.

나는 우주의 힘과 사랑이 사람과 장소, 사물 등 어디에나 존재한다는 것을 알고 있습니다. 이런 사랑과 치유의 힘이 의료계에 종사하는 고귀한 사람들에게 흐르고, 내 몸을 치료하는 모든 손길에도 흐릅니다.

나는 나의 치유 여정에 고도로 진화된 의식을 가진 이들을 포함시킵니다. 지금 여기 내 존재의 있음은 의료진들의 치유 행위가 더욱 훌륭하고 영적으로 발전되도록 돕습니다. 의사와 간호사들이 나와 팀을 이루어 치유하는 활동을 할 때 그들은 자신의 능력에 놀라게 될 것입니다.

나는
치유의 다음 단계를
밟고 있는 중입니다

"나는 치유의 다음 단계를 밟고 있습니다!"라는 확언을 할 때 나는 그것이 하나의 시작점이란 것을 압니다.

이 확언은 새로운 길을 열어줍니다. 나는 잠재의식에 이렇게 말하고 있는 것입니다.

"나는 내 삶에 책임을 지고 있어. 그리고 변화할 수 있는 뭔가가 있다는 것을 알고 있어."

이렇게 확언을 계속하면 어떤 일이든 그 일이 일어나도록 허용하고, 그 일이 나에게 새로운 길을 열어줄 것을 확신하게 됩니다.

갑자기 뛰어난 생각이 머리에서 흘러나오거나, 친구가 전화를 걸어와 "혹시 이런 시도 해 봤니?" 하고 아이디어를 전해줄 수도 있습니다. 나의 치유를 도울 다음 단계로 나는 저절로 인도될 것입니다.

우리 집은
평화로운 천국의
안식처입니다

내가 사는 집은 나를 반영해주는 거울입니다. 이제 나는 '집을 청소하기'로 결심합니다.

옷장, 책상, 서랍, 부엌 싱크대, 서랍장을 정리하고 정돈합니다. 나는 냉장고도 깔끔히 청소합니다. 1년 동안 입지 않은 옷은 과감하게 꺼내서 중고 가게에 팔거나 아름다운 가게에 기증합니다. 옷이 필요한 사람에게 주는 방식으로 재활용을 하기도 합니다. 이로써 에너지가 가능한 정체되지 않도록 합니다. 만약 집에 고인의 옷이 있다면 태워버립니다.

나는 과거의 감정을 치유하기 위해 낡은 것은 버리고, 그 자리에 새것들이 들어올 수 있도록 공간을 비워둡니다. 과거의 묶은 감정과 물건들을 청소하면서 이렇게 확언합니다.

"나는 내 마음속 옷장을 청소하고 있는 중이야. 필요 없는 잡동사니는 다 처분하고 깔끔하게 정리하자."

냉장고를 청소하면서도 이렇게 말합니다.

"나는 내 마음속 잡동사니를 청소하는 중이야."

오랫동안 먹지 않는 음식은 꺼내서 버리고, 냉장고를 깔끔하게 정리하고 청소합니다. 냉장고와 옷장, 서랍장에 잡동사니가 많은 사람은 마음속에도 잡동사니가 많습니다. 그래서 나는 내가 사는 곳을 청소하고 멋진 공간으로 만듭니다.

내 수입은
꾸준히 증가합니다

내 수입을 증가시키는 가장 빠른 방법은 먼저 정신 작업을 하는 것입니다. 나는 그 사실을 잘 알기에 수입을 늘리려고 할 때는 이렇게 확언합니다.

"내 수입은 꾸준히 증가하고 있어."

나는 더욱 번창하기 위해 돈이나 다른 어떤 종류의 풍요로움이든 끌어당길 수 있습니다. 또한 돈을 쫓아버리고 달아나게 할 수도 있습니다. 불평은 일의 진행에 결코 도움이 되지 않습니다.

나에겐 우주의 은행계좌가 있습니다. 나는 우주 은행에 긍정 확언을 저금한 다음 내가 그 돈과 풍요를 소유할 가치가 있다고 믿을 수 있습니다. 혹은 그럴 자격이 없다고 믿을 수도 있습니다.

나는 이렇게 확언합니다.

"나는 날마다 매일 모든 면에서 수입이 증가하고 있다. 나는 점점 더 수입이 늘어나고 있다. 나의 삶은 모든 면에서 풍요롭다. 나는 편안하고 여유롭다. 나는 내가 쉽고 애씀 없이 풍요를 끌어당긴다는 것을 알고 있다."

삶이 장대하고 훌륭하게 진행될 때에도 나는 가끔 걱정을 합니다.

'뭔가 나쁜 일이 일어나 잘못된 길로 가게 되면 어쩌지? 모든 것을 빼앗기면 어쩌지?'

이렇게 있는 걱정 없는 걱정 다 끌어모아 걱정을 사서 하기도 하지요. 걱정은 두려움이고, 자신을 믿지 않는다는 뜻입니다. 그래서 나는 걱정을 이렇게 인식하기로 했습니다.

'내 마음속을 헤집어서 속상하고 화나게 하려는 무의식의 일부분'이라고 말입니다.

나는 걱정에게 "나에게 오렴. 알아차리게 해줘서 고마워"라고 말한 다음 놓아줍니다. 걱정이라는 감정을 알아차리고 관찰할 수 있게 해주어서 진심으로 감사하다는 말을 전하는 것입니다.

나는 마치 인연이 다한 친구와 헤어지듯 "걱정아, 잘 가" 하고 작별 인사를 합니다. 나는 걱정에 대해 항복합니다. 내가 겁을 먹게 되면 아드레날린이 분비되어 나를 위험으로부터 보호해줄 것입니다.

나는 두려움을 향해 "두려움아, 지금 네가 나를 돕기 위해 찾아왔구나!"라고 말합니다. 그리고 내가 지닌 특정한 두려움을 인식하고 고마움을 표현하지만 거기에 중요성을 부여하진 않습니다.

나는
무한한 가능성과
잠재력이 있습니다

　내가 지금 있는 이곳은 삶의 무한한 가능성이 존재하는 곳입니다. 그 무한한 가능성의 공간 속에서 나는 나를 창조한 힘인 무한 지성의 사랑과 하나인 것을 알기에 기뻐합니다.
　이 힘은 나를 포함하여 그것이 창조한 모든 것을 사랑합니다. 나는 우주의 사랑을 듬뿍 받은 아이입니다. 그리고 나는 삶이 나에게 주는 모든 것들을 이미 다 가지고 있습니다.
　나는 이 지구라는 행성에 최상의 모습으로 태어났습니다. 삶을 온전히 경험을 하는데 필요한 모든 삶의 기술들은 이미 장착되어 있습니다. 내 마음은 하나의 무한한 마음에 연결되어 있습니다. 그러므로 모든 지식과 지혜가 나에게는 다 사용 가능한 것이 됩니다.

나는 나의 무한성 안에서 기뻐합니다. 모든 분야에서 내 앞에는 삶의 총체적 가능성만이 놓여 있을 뿐입니다.

나는 하나의 힘을 완전히 신뢰하고, 모든 것이 나의 세상에서는 다 좋은 것임을 압니다.

나는
지금의 나 자신을
완전히 사랑합니다

사랑은 지구상에 존재하는 가장 큰 지우개입니다. 사랑은 아무리 깊고 큰 상처 자국이더라도 모두 지울 수 있습니다. 사랑은 그 어떤 것보다 더 깊은 내면으로 들어갈 수 있기 때문입니다. 만약 어린 시절의 상처가 깊어 일상생활에 방해가 된다면, 나는 계속해서 이렇게 확언을 합니다.

"그 일은 그들 잘못이 아니야. 그리고 내 잘못도 아니야."

당시에 일어난 그 일을 바꿀 힘은 그 누구에게도 없습니다. 그럼에도 계속해서 과거의 희생자를 자처하며 부정 확언을 한다면 또 다시 원점으로 돌아와 상처에 파묻혀 살게 됩니다. 그래서 나는 거울 작업을 많이 합니다.

거울 속에 비친 내 두 눈을 또렷이 바라보며 자신을 성찰합니다. 그런 다음 "나는 내 몸과 영혼의 모든 부분을 사랑합니다!"라고 말합니다.

매일 아침 눈을 뜨고 일어나자마자 그리고 잠자리에 들기 전에 이 거울 작업을 합니다. 나는 아름다운 영혼인 나의 모든 것을 사랑합니다.

나는 신성하게 보호받습니다. 그러므로 내 사업은 번창합니다. 번성하고 확장하며 크게 성장함에 감사합니다.

나는 지금 잠재의식에 쌓여 있는 현금의 흐름에 대한 모든 한계들을 놓아줍니다. 무의식에 막혀있던 돈에 대한 생각도 다 내려놓습니다. 엄청난 액수의 돈이 들어오는 시각화를 함으로써 내 삶은 크게 도약(quantum jump)할 수 있습니다.

나는 상상할 수 없을 정도의 많은 돈이 내 은행 계좌에 홍수처럼 흘러들어오기를 허락합니다. 나는 의식을 열어 어마어마한 액수의 돈을 생각하고 받아들임으로써, 부와 풍요의 대도약에 내 마음의 문을 열어둡니다.

나는 사용할 수 있는 충분한 돈이 있습니다. 그 돈은 저축을 하고도 남아서 다른 사람들에게 나누어줄 정도의 큰 액수입니다.

풍요의 법칙은 현금의 흐름을 지속적으로 풍성하게 합니다. 풍요의 법칙대로 의식을 연다면, 그 흐름은 내가 필요로 하는 모든 것을 가져다 줄 것입니다. 또 모든 청구서를 지불하고도 돈이 남는 풍요로운 삶을 살게 될 것입니다.

나는 지금 풍요의식의 살아있는 본보기가 되도록 풍요의 법칙대로 살아가기를 선택합니다. 나의 내면은 평화롭고 안전합니다. 나는 모든 것을 기쁘게 관찰하고 이 사업이 계속해서 성장해 내 기대를 뛰어넘어 번성하는 것을 감사히 여기겠습니다. 나는 이 사업을 사랑으로 축복하겠습니다.

> 나는
> 세상 모든 사람이
> 안전할 수 있도록
> 서로 사랑하는 것을 돕습니다

    나의 간절한 소원은 세상이 안전한 곳이 되도록 하는 것입니다. 이 세상 사람들이 서로 사랑하도록 돕는 것이 그 방법입니다. 서로 사랑하며 안전한 세상이 되었을 때의 이상적인 그림은, 존재들이 서로에게 있는 모습 그대로 받아들여지고 사랑받는 모습입니다.
    내가 자신을 사랑할 때 나는 나를 비롯한 누구도 해치거나 상처 줄 수 없다는 걸 깨닫습니다. 나는 그 어떤 모습의 삶을 사는 사람일지라도 그들이 '충분하지 않다'라고 판단하는 나의 편견과 신념을 놓아줍니다.
    내가 믿을 수 없을 만큼 아름다운 존재란 것을 모두가 깨닫

는다면 세상이 얼마나 안전한 곳이 될까요? 세상이 사랑하기에 안전한 곳이란 걸 자각해 평화로워지는 방법은 오직 사랑뿐입니다. 나는 이런 세상을 매일 선 명상 의식을 통해 상상합니다.

나는 세상이 그런 곳이 되도록 우주의 공동체가 창조되는 것을 돕습니다.

내 삶의 모든 경험은 성장의 징검다리입니다. 실수를 포함하여 인생에서 일어나는 모든 일은 성장을 위한 디딤돌입니다. 어떤 실수를 했든 나는 자신을 사랑합니다. 발을 헛디뎠을지라도 나는 있는 그대로의 나를 사랑하고 받아들입니다.

모든 경험은 엄청난 가치가 있습니다. 모든 실수와 헛디딤은 나에게 많은 것들을 가르쳐줍니다. 그러므로 모든 것은 다 도움이 됩니다.

나는 이런 식으로 배웁니다. 어떤 실수를 하더라도 자신을 벌주고 죄책감이라는 감정을 느끼기를 그만두겠습니다. 대신 자신에 대해 기꺼이 배우고, 내가 성장할 수 있도록 더욱 사랑하겠습니다.

자신을 들여다보는 작업을 할 때 나아지기는커녕 오히려 다 나빠지기도 합니다. 그렇더라도 괜찮습니다. 그러한 현상이 바로 변화의 시작이기 때문입니다.

　그 모든 과정은 해묵은 과거의 실타래를 푸는 것입니다. 우리는 이 과정을 반드시 거쳐야 합니다. 내가 배워야 할 것을 배우는 일에는 시간이 필요합니다.

　나는 즉각적인 변화를 요구하지 않습니다. 참지 못함과 급한 성미는 필요한 것을 배우는 데 있어 가장 큰 걸림돌입니다. 나는 변화의 단계들을 차근차근 밟으며 집착을 놓아줍니다.

　나는 삶의 성장 법칙에는 단계가 있음을 잘 알고 있습니다. 그러므로 디딤돌을 하나씩 밟으며 나아갑니다. 걸어갈수록 모든 일이 점점 쉬워질 것입니다.

나는
기꺼이
내 안의
위대함을
볼 것입니다

나는 이제 마음속 부정적이고 파괴적이며 두려운 생각을 제거하기로 선택합니다.

나는 더 이상 해로운 생각을 하고 해로운 대화에 끼어드는 것을 거부합니다. 이제 나는 '상처 받는다'라는 생각을 놓아줍니다. 더 이상 상처에 집착하지 않기에 아무도 나를 해칠 수 없습니다.

나는 상처에서 해방되었다는 믿음을 확고히 합니다. 나는 '상처 받는다'라는 믿음을 내 의식 속에서 제거합니다. 상처가 어떤 식으로 정당화되든 간에 나는 나에게 해를 끼치는 감정을 탐닉하기를 그만둡니다.

이제 나는 나를 화나고 두렵게 하려는 그 어떤 시도에도 지지 않습니다. 나는 그 모든 상황을 뛰어넘습니다. 나는 내가 필요로 하는 것보다 훨씬 더 위대한 존재입니다. 나는 원래 나였던 위대함만을 봅니다.

올해 나는
긍정적인 변화를 위해
정신적인 작업을 합니다

변화하기 위해서는 정신적인 작업이 필요합니다. 그렇지 않고는 아무것도 변하지 않습니다. 내가 바꿔야 할 것은 오직 한 가지 '생각'입니다. 그렇기에 올해 나는 자신을 위해 모든 생각을 긍정적인 방향으로 전환합니다.

매일 아침 일어나자마자 내가 원하는 것을 긍정 확언으로 말합니다. 그리고 원치 않거나 부정적인 생각에는 이렇게 말합니다.

"저리 가!"

"나는 더 이상 그렇게 생각하지 않을 거야!"

"사라져 버려!"

"항복!"

"나가!"

나는 이렇게 함으로써 생각을 긍정적인 방향으로 이끄는 정신 작업을 합니다.

다

른 사람들에 대해 긍정적으로 생각하기를 거부해본 적 있나요? 그렇다면 나는 자신에 대한 부정적인 생각도 거부할 수 있습니다.

사람들은 "생각하는 걸 멈출 수 없다"라고 말합니다. 하지만 나는 그렇게 할 수 있습니다. 마음먹고 "이제 나는 생각하는 걸 멈추겠어!"라고 말해야 합니다.

뭔가를 변화시키길 원할 때 내 생각과 싸울 필요는 없습니다. 대신 부정적인 목소리가 올라올 때 이렇게 말할 수 있습니다.

"그런 생각이 있다는 것을 알려줘서 진심으로 고마워. 생각아, 사랑해."

나는 부정적인 생각에 힘을 실어주지 않을 것입니다. 그리고 그런 생각이 나에게 있다는 것을 부인하지도 않을 것입니다. 나는 이렇게 말합니다.

"알겠어. 그 생각은 거기에 있어. 그러나 나는 생각에 주의를 기울이지 않을 거야. 대신 다른 생각을 창조하길 원해. 나는 내 생각과 싸우지 않아. 나는 생각을 인식하고 관찰함으로써 놓아줄 거야. 그리고 그 부정적인 생각을 넘어설 거야."

나는
삶의 모든 부분과
연결되어 있습니다

나는 영혼이자 빛이며 에너지입니다. 또한 파동이며 색깔이자 사랑입니다.

나는 내가 인정받고 있는 것보다 훨씬 더 위대한 존재입니다. 나는 이 지구라는 행성의 모든 존재와 연결되어 있습니다.

나는 안전한 사회에 살고 있으며, 자신과 타인을 건강하고 온전한 존재로 바라봅니다.

나는 모두를 위한 비전을 품고 있습니다. 우리는 치유와 온전함을 만들 시기에 함께 존재하고 있기 때문입니다.

나는 그 완전함의 일부분입니다.

나는 삶의 모든 것들과 하나입니다.

나는
몸이 주는 메시지를
듣습니다

변화의 시기를 맞이한 세상에서 나는 모든 영역에서 유연해질 것을 선택합니다. 나는 기꺼이 자신을 변화시킬 것이고, 내 삶과 내 세상의 질을 높이기 위해서 나의 신념을 바꾸기로 선택합니다.

나는 기꺼이 달라지겠습니다. 몸은 내가 어떻게 다룰지라도 나를 사랑합니다. 몸은 나와 대화합니다. 그리고 나는 기꺼이 몸의 메시지를 듣습니다. 나는 몸에 주의를 기울이고 필요할 경우 잘못을 바로잡습니다. 나는 몸이 뭔가 필요하다면 나에게 말해 줄 것이고, 나를 건강한 몸으로 되돌리기 위해 가능한 모든 일을 해줄 것이라고 믿습니다. 몸은 항상 나를 위해 필요한 조치를 취합니다.

나는 내가 가진 내면의 힘이 필요할 때마다 기꺼이 그 무한한 능력을 사용합니다.

나는 내 미래를 지금 창조합니다

　　어떤 어린 시절을 보냈더라도 그 책임은 온전히 나에게 있습니다. 가장 좋았던 경험과 가장 나빴던 경험 모두 그렇습니다.

　　유년 시절의 가정환경이 나빴다면 그 시절을 비난하거나 부모님을 원망할 수 있습니다. 그러한 사고패턴은 나를 희생자로 만들 뿐입니다. 내가 더 이상 앞으로 나가지 못하게 막는 장애물입니다. 과거에 대한 피해 의식은 내가 바라는 미래의 좋은 것들을 결코 가져다주지 못합니다.

　　현재 내가 어떤 생각을 하느냐가 나의 미래를 만듭니다. 부정성과 고통으로 점철된 인생을 창조할 수도 있고, 무한한 기쁨으로 가득한 인생을 누릴 수도 있습니다.

　　나는 지금 밝은 미래를 선택하겠습니다.

나는
삶으로 가는
새로운 문을 엽니다

내 앞에는 새로운 경험으로 안내하는 문들이 있습니다. 인생이란 복도에 한없이 펼쳐진 수많은 문입니다. 내가 경험하고자 했던 멋진 문들이 나를 기다리고 있습니다. 나는 흥미진진한 마음으로 그 문을 하나씩 열고 다양한 경험을 하는 나를 바라봅니다.

내면의 자아는 내가 최상의 경험을 할 수 있도록 길을 안내하고 인도합니다. 그 경험들은 내가 성장을 계속하여 영적으로 확장하는 것을 돕습니다. 어떤 문이 열리고 닫히든 나는 항상 안전합니다.

나는 영원합니다. 나는 경험에서 경험으로 계속 나아갑니다.

나는 기쁨, 평화, 치유, 풍요, 사랑, 이해, 연민, 용서, 치유, 가치, 자아존중감과 자긍심을 느낄 수 있는 문을 여는 나를 바라봅니다. 그것은 지금 모두 내 앞에 있습니다.

나는 다른 사람들이
그들 자신이 되도록
허용합니다

나는 다른 사람들의 변화를 강요할 수 없습니다. 그들이 변화하고자 하면 긍정적인 지지를 보냄으로써 힘을 실어줄 수 있지만, 그 과정을 대신할 순 없습니다.

모든 사람의 영혼은 이곳에서 자신만의 수업을 받는 중입니다. 그렇기에 내가 다른 이의 긍정적인 변화를 유도하기 위해 간섭하여 뭔가를 대신한다면, 그 사람은 나를 떠나서 그 작업을 다시 해야 합니다. 변화를 위해 스스로 해야 할 작업을 하지 않았기 때문입니다.

내가 할 수 있는 일은 오직 사람들을 사랑하는 것이고, 그들이 자신이 되는 것을 허용하는 것입니다. 그리고 진리는 항상 그들 안에 있고, 변화가 필요한 순간에는 그들 스스로 그 작업을 할 수 있음을 아는 것입니다.

나는 특히 아이들과 대화할 때에는 마음을 열고 의사소통의 끈을 놓지 않습니다. 아이들은 말을 하기 시작한 이후부터 종종 어른들에게 이런 말을 듣습니다.

"이거 하지 마라, 저거 하지 마라, 그렇게 생각하거나 행동하지 마라."

온통 '하지 마라'는 메시지 속에서 아이들은 소통을 멈춥니다. 나는 아이들의 말을 경청함으로써 이런 문제를 피합니다. 그리고 아이들의 생각과 아이디어에 마음의 문을 열어 의사소통의 문제를 해결합니다. 문제가 생기면 협상의 기술을 활용해 소통과 관련된 문제를 말끔히 해결합니다.

나는 나의 아이들과 멋진 관계를 구축합니다.

불안정하거나 두려움을 느낄 때 자신을 보호하는 차원에서 체중이 늘어납니다. 나는 몸이 무거워진다는 느낌을 받을 때 삶에서 불안을 느끼게 하는 무언가가 일어나고 있음을 인지합니다.

나는 20년 동안 과체중 문제로 싸울 수도 있습니다. 체중이 늘어나는 것은 그 원인에 대한 내면 작업을 하지 않았기 때문입니다.

체중 문제를 해결하려면 몸무게는 잠시 내려놓고 내가 직면한 삶의 이슈나 문제들을 먼저 다뤄야 합니다.

항상 자신에게 "나는 보호가 필요해. 나는 불안해"라고 말하진 않나요? 그렇다면 이 이슈를 먼저 해결해야 합니다.

나는 이제 몸무게가 증가할 때 자신에게 화를 내지 않는 것이 중요하다는 것을 압니다. 과체중은 내 몸의 모든 세포가 나의 정신과 생각의 패턴에 반응한 결과이기 때문입니다. 보호받고자 하는 욕구가 사라질 때, 혹은 점점 안정감이 느껴지기 시작할 때 비만 문제는 눈 녹듯 저절로 사라질 것입니다.

오늘 나의 선택이 내일의 새로운 모습을 창조할 것입니다.

숨 쉴 권리를 얻으려는 것이 쓸모없는 노력인 것처럼 사랑받기 위해 노력할 필요도 없습니다. 누구나 숨 쉴 권리를 가지고 태어났듯 나는 존재만으로도 사랑받을 가치가 있기 때문입니다.

나는 내가 충분히 좋은 사람이 아니라고 생각하게 만드는 부모님과 세상의 부정적인 의견이나 편견에 절대 귀 기울이지 않습니다.

내 존재에 있어 진짜 현실은 내가 사랑스럽고 사랑을 받을만한 사람이라는 것입니다. 나는 이 사실을 잘 알고 있습니다. 그리고 이제 내가 받아들인 대로 사람들이 나를 사랑스러운 존재로 대하기 시작하는 증거를 삶 속에서 발견합니다.

과거 나는 죄책감이라는 무거운 구름 아래에 살았습니다. 나는 항상 무언가 잘못되었다고 느꼈습니다. 나는 일들을 잘 해내지 못했고, 그래서 늘 사과했습니다.

나는 과거에 한 일에 대해 자신을 용서하지 못했습니다. 누군가에게 이용당하면 나도 그 사람을 이용하고 통제하려고 했습니다. 이제 나는 죄책감이 어떤 문제도 해결해주지 못한다는 것을 알고 있습니다.

나는 과거에 유감 있었던 일들에 구속당하기를 그만둡니다. 어긋난 관계가 있다면 내가 잘못한 부분은 무엇인지, 또 어떻게 관계를 회복할 수 있을지 묻고 적극적으로 문제를 해결합니다. 만약 그렇게 할 수 없다면 더 이상 마음 쓰지 않습니다.

나는 죄책감은 항상 처벌과 연결된다는 것을 인식합니다. 그리고 처벌은 고통을 낳습니다.

이제 나는 자신을 용서하고 타인을 용서함으로써 스스로가 만든 감옥에서 벗어나 밖으로 나옵니다.

나는 나의 내면세계를 평화롭게 유지합니다

　내면의 평화 상태에서 나는 항상 자신을 진실한 자아에 놓기 때문에 외부세상에서도 평화를 유지합니다. 다른 사람들은 불일치와 부조화를 경험하고 있을지라도 그것은 나에게 아무런 영향을 끼치지 못합니다. 나는 자신을 위해 평화를 선언하기 때문입니다.

　우주는 위대한 질서와 평화로움이 존재하는 곳입니다. 그리고 나는 이 사실을 내 삶의 모든 순간에 적용합니다.

　행성이나 별들은 천체의 궤도를 도는 일을 두려워하지 않습니다. 우주의 질서에 따라 운행하기에 그 무엇도 걱정할 필요가 없는 것입니다.

삶을 살아감에 있어 존재의 평화로운 '있음'을 방해하는 생각은 필요치 않습니다. 나는 평화로움을 표현하기를 선택합니다. 내가 바로 평화이기 때문입니다.

나는
긍정적으로 말하고
생각합니다

만약 말의 힘을 이해할 수 있다면 자신이 하는 말에 무척 신경을 쓸 것입니다. 그리고 부정 확언이 아닌 오직 긍정 확언만을 할 것입니다.

우주는 내가 무엇을 믿기로 선택하든지 무조건 "예스"라고 말합니다. 만약 내가 충분하지 않다고 믿기로 선택한다면 우주는 "예스"라고 말하고, 삶에서 그 증거로 보여줄 것입니다. 즉 삶이 '충분하지 않다'는 말에 반응하여 그 어떤 좋은 것도 가져다주지 않는 것입니다.

우주는 항상 지금 내가 하는 말에 반응합니다. 그렇기에 내가 좋은 것을 기꺼이 끌어당기겠다고 결심한 순간 우주는 아주 친절하게 내 변화에 반응할 것입니다.

내 존재의 깊은 중심을 바라봅니다. 그리고 내 모든 부분이 순수 영혼임을 압니다. 나는 순수한 영혼이자 순수한 빛, 순수한 에너지입니다.

나는 나의 모든 한계가 하나씩 사라지는 것을 시각화합니다. 나를 제한하는 것과 두려움, 한계가 서서히 사라질수록 나는 안전해집니다. 또 치유되고 완전해집니다. 내 삶에서 어떤 일이 일어나고 어떤 어려움이 닥치든 나는 안전하고 온전할 것입니다. 내 존재의 깊은 중심에서 나는 안전하고 온전하며 완벽합니다. 그리고 항상 그러할 것입니다.

몇 번을 다시 태어나든 내가 빛나는 영혼이란 사실에는 변함이 없습니다. 나는 한없이 아름답게 빛나는 빛입니다.

나는 이 지구라는 행성에 와서 내 빛으로 세상을 비춘 후 그것을 가리고 숨겼습니다. 하지만 빛은 늘 내 근원에 있었습니다. 내가 한계점들을 내려놓을 때 나는 내 존재의 진실한 아름다움을 인식하고 찬란하게 빛납니다.

나는 에너지입니다. 나는 사랑의 영혼입니다. 밝게 빛나는 사랑의 영혼이 바로 나입니다. 나는 내 빛이 자신과 세상을 환하게 비추도록 합니다.

나는 항상 완전히
모든 상황에 적응합니다

나는 자신을 칭송합니다. 아주 열렬하게 칭찬합니다. 그리고 내가 얼마나 절대적으로 아름답고 멋진 사람인지 계속 속삭여줍니다.

나는 나의 잘못을 책망할 생각이 추호도 없습니다. 뭔가 새로운 것을 시도할 때, 내가 처음부터 잘하지 못한다고 자학하거나 자책하지 않습니다. 대신 연습하면서 자신을 사랑합니다. 훈련하고 연습하면 나아진다는 것을 알고 있기에 계속해서 그 일을 합니다. 그렇게 함으로써 나의 노력이 어디에 효과가 있고 또 없는지를 배웁니다. 이런 태도는 새로운 일을 시작할 때에도 마찬가지입니다.

나는 그저 나를 위해 존재합니다. 나에게 "뭔가 잘못되었어"라고 말하지 않습니다. 대신 무엇이 옳았는지 긍정적인 이야기를 합니다.

나는 나를 칭찬하고 자존감을 세워줄 것입니다. 그래서 다음 번에 그 일을 하게 될 때 나는 진심으로 그 일에 대한 좋은 느낌을 갖습니다. 다시 시도할 때마다 나는 점점 더 좋아집니다.

나는 어떤 종류의 새로운 기술이라도 곧 습득하게 될 것입니다.

나는 계속해서
믿을 수 없는
축복의 선물을 받습니다

　나는 풍요로움을 교환하는 대신 받아들이기를 배웁니다. 친구가 선물을 주거나 점심을 사주었다더라도 바로 갚아야 한다고 생각할 필요가 없습니다. 내가 받은 선물을 충분히 느끼는 것이 풍요입니다.

　나는 다른 사람들이 나에게 선물을 주는 것을 허용합니다. 나는 그 선물을 기쁨과 즐거움으로 받아들입니다. 어쩌면 그 사람에게 화답하지 못할 수도 있겠지요. 그렇다면 대신 다른 사람에게 베풀면 됩니다. 그것 역시 풍요로운 선물의 축복입니다.

　만약 누군가가 자신이 잘 사용하지 않거나 더 이상 필요하지 않은 물건을 선물한다면 나는 이렇게 말합니다.

"이 선물을 기쁨과 감사로 받아들입니다."

그리고 내가 필요하지 않은 선물은 그것이 필요한 다른 사람에게 전해줍니다.

만약 누구에게도 비난받지 않고 행복하게 살 수 있다면 삶은 얼마나 즐거울까요? 그런 상상을 하면서 나는 완전히 평화롭게 사는 내 모습을 떠올려 봅니다. 그럼 매일 아침마다 멋진 하루를 보낼 것이란 기대를 하게 될 테지요. 모든 사람이 나를 사랑하고, 아무도 나를 판단하면서 깔보거나 무시하지 않을 것이기 때문입니다.

나는 오직 멋지고 위대한 감정을 느낄 것입니다. 이제 나는 자신에게 이 선물을 주겠다고 계속해서 긍정 확언을 합니다. 자각의 순간, 나 자신과 사는 것은 이 세상에서 가장 환상적인 경험이 될 것입니다. 아침마다 자신을 칭송하고 사랑하면서 잠에서 깨어날 것입니다. 그리고 자신에게 매 순간 이렇게 말하게 될 것입니다.

"나는 나를 사랑해."

"나는 내가 나인 것을 사랑해."

이렇게 매일 아침 아주 상쾌한 기분으로 일어나게 될 것입니다.

내 모든 관계들은 사랑의 원으로 둘러싸여 있습니다

나는 내 친구들을 존재의 근원과 본질인 사랑의 원으로 에워쌉니다. 그들이 살아있건 살아있지 않건 우리는 모든 존재와 하나입니다.

그 원 안에는 나의 친구들과 가족, 내가 사랑하는 사람들, 배우자, 과거에 함께 했던 인연, 직장에서 함께 근무했던 분들, 용서하고 싶었지만 방법을 몰라서 용서하지 못했던 사람들을 모두 포함합니다.

나는 모든 사람과 멋지고 조화롭고 만족스러운 관계를 맺는다고 확언합니다. 우리는 과거가 어떠했든 서로 존중하고 존경하고 아낍니다.

나는 이제 자존감과 평화, 즐거움과 함께 살 수 있다는 것을 압니다. 나는 이 사랑의 원으로 지구 전체 행성들을 에워쌉니다. 그리고 무조건적인 사랑으로 전 지구를 치유할 수 있도록 내 가슴을 열고 마음의 문도 활짝 열어둡니다.

나는 사랑할 가치가 있는 사람입니다. 나는 아름답습니다. 나는 강하고 튼튼하고 온전하고 완전합니다. 나는 힘이 있습니다. 나는 마음을 열어 세상의 모든 좋은 것들을 받도록 허락합니다.

나는 자유롭고 평화롭습니다

오늘 나는 새로운 사람으로 태어납니다. 나는 어제와 다른 사람입니다. 나는 나를 압박하는 모든 생각을 풀어주고 몸과 마음을 편안하게 이완합니다. 어떤 사람이나 장소, 사물도 나를 괴롭히거나 짜증 나게 할 수 없습니다.

나는 평화롭습니다. 나는 자신에 대한 사랑과 이해로 세상을 봅니다. 압박을 주는 세상에서 살기에 나는 너무나도 자유로운 사람입니다.

나는 그 어떤 것에도 반대하지 않습니다. 대신 모든 것이 내 삶의 질을 증진해줄 것이란 사실에 찬성하는 긍정적인 생각을 합니다.

나는 내 미래를 창조하기 위해 생각과 말이란 도구를 사용합니다.

나는 감사함과 고마움을 자주 표현합니다. 그리고 항상 감사할 거리를 찾습니다. 그리고 "감사합니다!"라고 가슴 속 깊이 느끼며 말합니다.

나는 편안하게 이완됩니다. 나는 평화로운 세상에서 평온한 삶을 사는 사람입니다.

나는 확장하고 있나요? 아니면 수축하고 있나요? 나는 성장하고 있나요? 아니면 후퇴하고 있나요?

내가 나에 대한 생각과 신념을 확장할 때 사랑은 자연스럽고 자유롭게 흐릅니다. 내가 뒤로 물러나 후퇴하고 있을 때 나는 자신에게 벽을 치고, 마음의 문을 쾅 닫아버립니다.

무서운 감정이 들거나 위협이 느껴질 때, 뭔가 옳지 않은 일이 생겼다고 느낄 때 나는 그저 깊게 호흡합니다. 심호흡은 나를 확장해 줍니다. 호흡하면 척추가 곧게 펴집니다. 호흡은 닫혔던 마음의 문과 가슴을 열어줍니다. 호흡을 통해 심장에 확장할 수 있는 공간이 마련됩니다.

호흡은 사랑의 확장입니다. 의식적으로 호흡을 연습하면 마음의 장벽을 무너뜨리고 새로운 가능성의 문을 열 수 있습니다.

어떤 생각과 느낌으로 고통이 느껴진다면 심호흡을 몇 번 한 후 자신에게 물어보세요.

"(자신의 이름)야, 너는 확장하길 원하니? 아니면 수축하길 원하니?"

나는
모든 부정적인 에너지를
놓아줍니다

부정적인 신념이 얼마나 오랫동안 내 잠재의식에 잠복하고 있었건 간에 나는 이렇게 선언합니다.

"나는 이제 부정적인 신념으로부터 자유롭다."

또한 이렇게 확언합니다.

"나는 이제 부정적인 신념의 원인이 되는 생각 패턴을 놓아준다."

자신에게 부정적인 확언을 하다 보면 삶에서 비슷한 상황이 계속 만들어집니다.

나는 더 이상 부정적인 상황과 환경, 조건을 끌어당길 필요가 없습니다. 그렇기에 불행에 대한 욕구를 기꺼이 놓아주겠습니다. 부정적인 신념은 점점 희미해지다가 결국 사라집니다. 오래된 과거의 쓰레기와 같은 생각을 더 이상 붙들지 않습니다. 이제 나는 자유롭습니다!

나는
과거를 편안하게 놓아주고
삶의 과정을 신뢰합니다

나는 이미 지나간 과거의 기억과 고통을 상기시키는 기억의 문을 닫아버립니다. 그 안에는 과거의 상처와 오랫동안 가지고 있던 자기 합리화와 변명, 용서하지 않으려는 마음이 있습니다. 들여다보기 어려운 나의 과거 기억들은 사건과 사고를 일으키기도 했습니다. 이제 그 문을 쾅 닫고 나에게 이렇게 물어봅니다.

"이 과거를 언제까지 붙잡고 있을 거냐?"
"이미 과거에 벌어진 일 때문에 얼마나 더 고통을 받아야겠니?"

이제 나는 내 앞에 물줄기를 상상해 봅니다. 그 물줄기에 과거의 상처와 용서하지 않으려는 고집스러운 마음을 전부 집어넣습니다. 그리고 불쾌한 기억들이 아래로 흘러 내려가는 물줄기와 함께 완전히 사라지는 것을 바라봅니다.

나는 진실로 기억들을 놓아줄 능력이 있습니다.

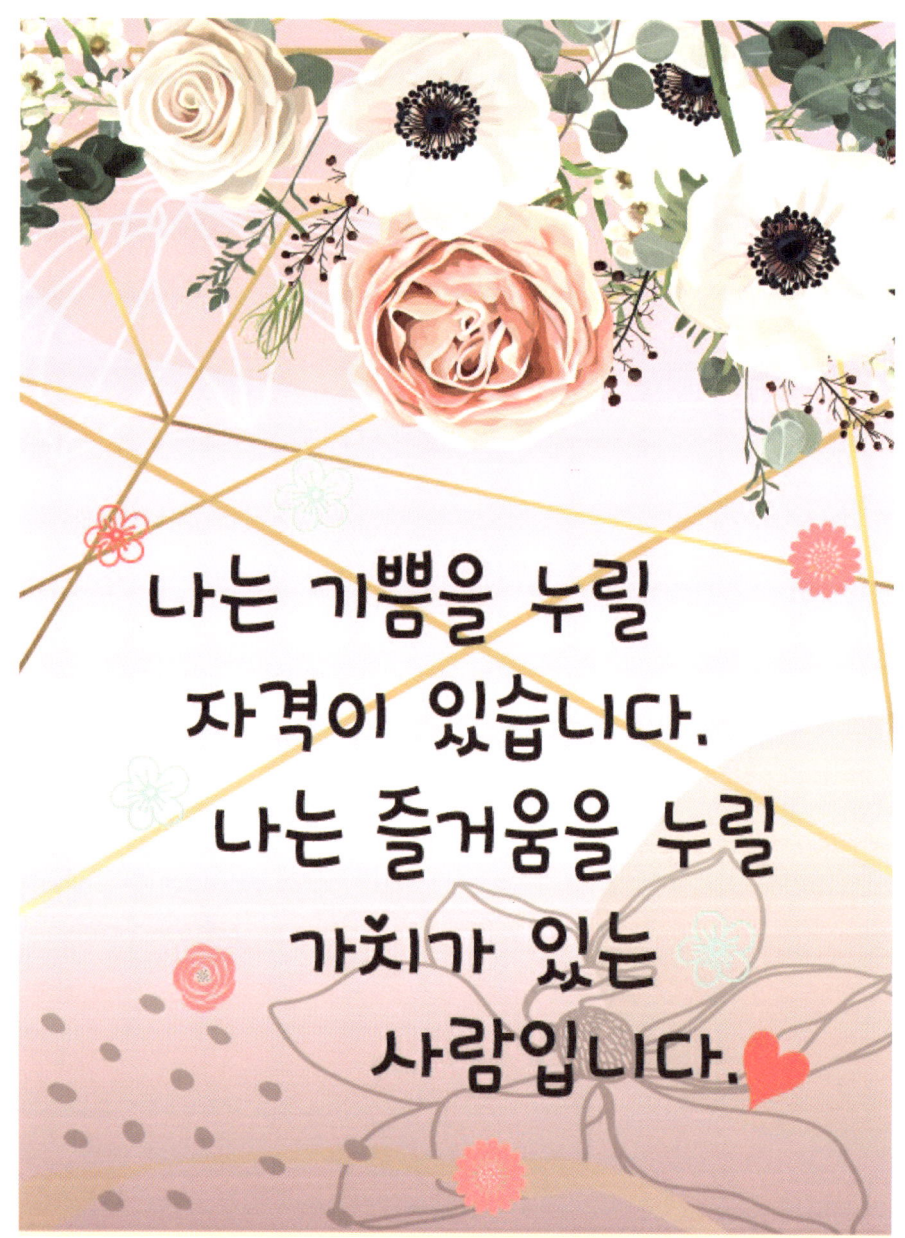

나는 기쁨과 수용이라는 환경에서 살 가치가 충분한 사람입니다. 나는 선하고 좋은 것들을 받을 자격이 있습니다.

나는 어린 시절, 부모님의 영향과 내가 처한 환경으로 인한 제약들 때문에 좌절했던 기억들을 기꺼이 뛰어넘기로 합니다.

나는 거울을 보고 자신에게 이렇게 말합니다.

"나는 모든 좋은 것들을 누릴 자격이 있어."

"나는 물질적으로, 재정적으로, 심리적으로 번성할 가치가 있는 사람이야."

"나는 즐거울 자격이 있어."

"나는 모든 선하고 행복한 것들을 누릴 자격이 있어."

나는 두 팔을 크게 벌려 이렇게 말합니다.

"나는 마음을 열어 받아들입니다."

"나는 멋집니다."

"나는 인정합니다."

"나는 모든 풍요로움을 받아들입니다."

"나는 최상의 선을 받아들입니다."

나는 긍정적인 생각들로
내 마음의 프로그램을 다시 짭니다

 마음속에 품고 있는 부정적인 신념을 긍정적인 생각들로 다시 프로그램화하면 놀라운 힘이 생깁니다. 가장 좋은 방법은 내 목소리를 녹음해서 나에게 들려주는 것입니다.

 세상에서 유일한 내 목소리를 자신에게 들려주는 것은 큰 가치와 의미가 있는 일입니다. 같은 효과를 얻을 수 있는 방법은 엄마가 나를 칭찬하는 말을 녹음해서 듣는 것입니다.

 나는 엄마에게 내 사랑스러운 점과 칭찬할 점을 녹음해 달라고 합니다. 그리고 자기 전에 들으면서 내가 얼마나 멋진 사람인지 엄마가 이야기 해주는 상상을 합니다.

 여러분도 이 방법을 활용해 보세요. 엄마에게 나를 얼마나 사랑하고 자랑스러워 지에 대해, 그리고 나는 그 어떤 것도 될 수 있고 뭐든 다 해낼 수 있는 사람이란 점에 대해 또박또박 녹음해 달라고 하세요. 그리고 자기 전 자신을 위한 칭찬의식으로 녹음한 것을 듣는 것입니다. 그렇게 잠이 들면 내 잠재의식이 놀랄 만큼 긍정적으로 바뀌게 됩니다.

나는 사랑에 의해 동기부여 됩니다

나는 내 안에 있는 그 어떤 비통함이나 쓰라림, 분노도 모두 놓아줍니다. 나는 내 안에 있는 사람들이 자유로워지도록 그들을 기꺼이, 그리고 완전히 용서하겠습니다. 누군가 어떤 식으로 나에게 해를 끼쳤다 해도 이제 그 사람을 사랑으로 축복하고 놓아줍니다.

나는 어떤 누구도 내 허락 없이는 내 것을 빼앗아가지 못한다는 것을 압니다. 내게 속한 것은 언제나 신성한 순서에 따라 완벽한 타이밍에 나에게 돌아올 것입니다. 만약 무언가 다시 돌아오지 않는다면 그것은 원래 그러기로 되어 있는 것입니다.

나는 이 생각을 편안하게 받아들입니다. 분노를 해결하는 것은 아주 중요한 일입니다.

나는 나를 믿습니다.

나는 안전합니다.

나는 사랑에 의해 동기를 부여받습니다.

내가 필요로 하는 것들은 완벽한 시간과 공간에서 완벽한 순서에 따라 나에게 옵니다. 모든 별과 행성이 완벽하게 궤도를 돌고 신성한 질서에 의해 움직이듯 나 역시 그러합니다.

나의 제한된 인간적인 마음으로는 모든 것을 이해할 수 없습니다. 그러나 우주적인 관점에서 보면 나는 지금 올바른 장소에서 올바른 시간에 올바른 것을 정확히 하고 있다는 것을 압니다.

나는 긍정적인 생각을 하기로 선택합니다. 현재 내가 하는 경험은 새로운 의식과 더 큰 영광의 초석이 될 것입니다.

나는
매일 하루도 빠짐없이
감사를 전합니다

나는 나의 세상에 존재하는 모든 아름다운 것에 감사합니다. 아름다운 수선화와 맛있는 음식에 감사하고, 삶을 좀 더 편리하게 만들어주는 컴퓨터와 같은 첨단 기술에도 감사합니다. 사랑하는 가족과 애완동물, 좋은 친구들, 편안한 집, 자동차, 그리고 나의 무한 지성의 마음과 건강한 몸까지 모든 것에 감사합니다.

나는 감사를 표현하는 것을 잊지 않습니다. 나는 나의 우주에게 감사합니다. 왜냐하면 내 생각이 우주에 닿아 소원이 이루어진다는 것을 알기 때문입니다.

나는 평생 끊임없이 감사하며 살 것입니다.

나는
나를 포함하여
모든 사람을 용서합니다

과거에 있었던 일로 인한 억울하고 화가 나는 감정을 아직도 붙들고 있나요? 그러면 결코 행복할 수 없습니다. 지금 여기에서 현재를 경험하는 것을 허락하지 않으면 오늘 하루를 낭비한 셈이 됩니다.

원한이나 억울함을 오랫동안 움켜쥐고 있는 것은 자신을 용서하지 않는 것과 관계가 있습니다. 또한 과거의 상처를 붙들고 있는 것은 자신을 계속 벌주는 것과 다름없습니다.

나는 더 이상 자신이 옳다고 정당화하는 분노의 감옥에 웅크리고 있지 않습니다. 대신 지금 여기에서 바로 행복해지는 것을 선택합니다. 나는 자신을 용서하고, 나를 벌주는 것을 그만둡니다.

직업은 나의 삶을 표현합니다. 나는 직업으로 인해 큰 기쁨을 느낍니다. 나는 신성하고 무한한 지성의 힘이 나를 통해 나타나도록 하는 모든 기회에 감사합니다.

나는 도전에 맞설 때마다 그것이 삶이 준 기회라는 것을 압니다. 시끄러운 마음의 소리를 가라앉히고 내면으로 들어가 삶에 나타나는 모든 것을 축복으로 받아들입니다.

나는 일이 아주 잘 끝난 것에 대한 보상을 받을 가치가 있습니다. 나는 신바람 나고 즐거운 일에 에너지를 쏟고 그것을 세상에 내보낸 것으로 풍요로운 보상을 받습니다.

나의 동료와 파트너는 모두 인류애를 실천하는 고마운 분들이며 나를 돕고 지지해줍니다. 나와 함께 일하는 사람들은 열정적이고 강력한 힘이 있습니다.

나는 나에게 도움을 주기 위해 나타난 영적인 메신저들에게 감사를 전합니다. 우리는 영적으로 좋은 영향을 주고받으며 서로를 사랑하고 축복합니다.

나는 내 삶에서
'~해야만 해'라는
강한 의무의 말을 삭제합니다

　나는 내 인생 사전에서 '~해야만 해'라는 말을 삭제합니다. 그 말은 마음에 감옥을 만듭니다. "~해야만 해"라고 말할 때마다 자신을 벌주는 것입니다. 그리고 자신과 다른 사람에게 뭔가 잘못하고 있다고 믿게 합니다. 이는 자신이 충분히 좋은 사람이 아니라고 부정 확언을 하는 결과를 만듭니다.
　이 부정 확언은 계속해서 좋지 않은 증거들을 내면에 끌어들입니다. 나는 이제부터 "~해야만 해"라고 말하는 대신 "~할 수 있어"라고 말합니다.
　'~할 수 있어'라는 말은 무언가 원할 때 그것을 할 수 있는 선택권이 내게 있음을 알게 합니다. 선택은 나의 자유입니다. 나는 삶의 모든 일이 선택으로 이루어진다는 사실을 알 필요가 있습니다.

눈을 씻고 살펴봐도 '~해야만 해'라고 할 만큼 내가 반드시 해야 하는 의무는 이 세상에 없습니다. 나는 선택권이 있습니다. 나에게는 선택할 수 있는 권리가 있습니다.

나는
평화롭게
잠이 듭니다

　수면은 하루를 정리하고 나에게 휴식을 주는 시간입니다. 내 몸은 그 시간 동안 자연 치유됩니다. 수면은 열심히 하루를 산 나의 몸을 새롭게 단장하고 상쾌하게 일어나도록 자정작용을 하는 시간입니다.
　내 마음은 꿈의 상태로 들어가 낮 동안 발생한 문제들을 처리하고 불필요한 정보는 걸러냅니다. 잠이 들락말락한 상태에서 나는 긍정적인 생각을 잠재의식에 주입하는 작업을 합니다.
　잠재의식에 새긴 긍정적인 생각은 나의 새로운 날과 멋진 미래를 창조하는 열쇠가 됩니다. 그러므로 내 안에 화와 비난이 있다면 그 모든 감정을 놓아줍니다. 분노와 두려움도 놓아줍니다.

질투나 분노가 있다면 명상으로 놓아 버립니다. 죄책감이나 마음 속에 스멀스멀 올라오는 쉽게 떨어지지 않는 욕구가 있다면 그 역시 놓아줍니다.

나는 몸과 마음에 오직 평화만을 느낍니다.

나는 나와 함께 사는 몸이 나에게 우호적이라는 것을 잘 압니다. 나는 몸을 존중합니다. 그리고 몸을 잘 다룹니다. 나는 몸에 좋은 음식으로 영양분을 주고, 건강을 위해 운동합니다.

나는 내 몸에 대한 긍정적인 확언을 하며 몸을 행복하게 해줍니다. 나는 몸에게 사랑한다는 말을 자주 말합니다.

나는 우주의 에너지에 접속합니다. 그리고 우주의 에너지가 나를 통해 흐르도록 허용합니다.

나에게는 멋지고 놀라운 에너지가 있습니다. 나는 빛을 발하며 활기차고 살아있습니다.

모든 문제에는 반드시
해결책이 있습니다

내가 만든 문제에는 반드시 해결책이 있습니다. 나는 우주의 보편적인 지혜와 지식에 연결되어 있기에 만사를 인간적인 사고로 한정 짓지 않습니다.

내 가슴에는 사랑을 위한 공간이 있습니다. 사랑이 모든 문을 열어준다는 것을 나는 잘 알고 있습니다. 이미 내 안에 존재하는 이 사랑의 힘은, 내가 삶의 위기와 도전을 만났을 때 그것들을 이겨내고 극복하게 합니다.

나는 모든 문제는 이미 어딘가에서 일어났고 또 해결되었다는 것을 압니다. 그러므로 누군가 문제를 해결했다면 나 역시 그럴 것입니다.

나는 사랑의 보호막으로 자신을 감쌉니다. 그리고 나의 세상에서는 모든 것이 다 좋다는 것을 압니다.

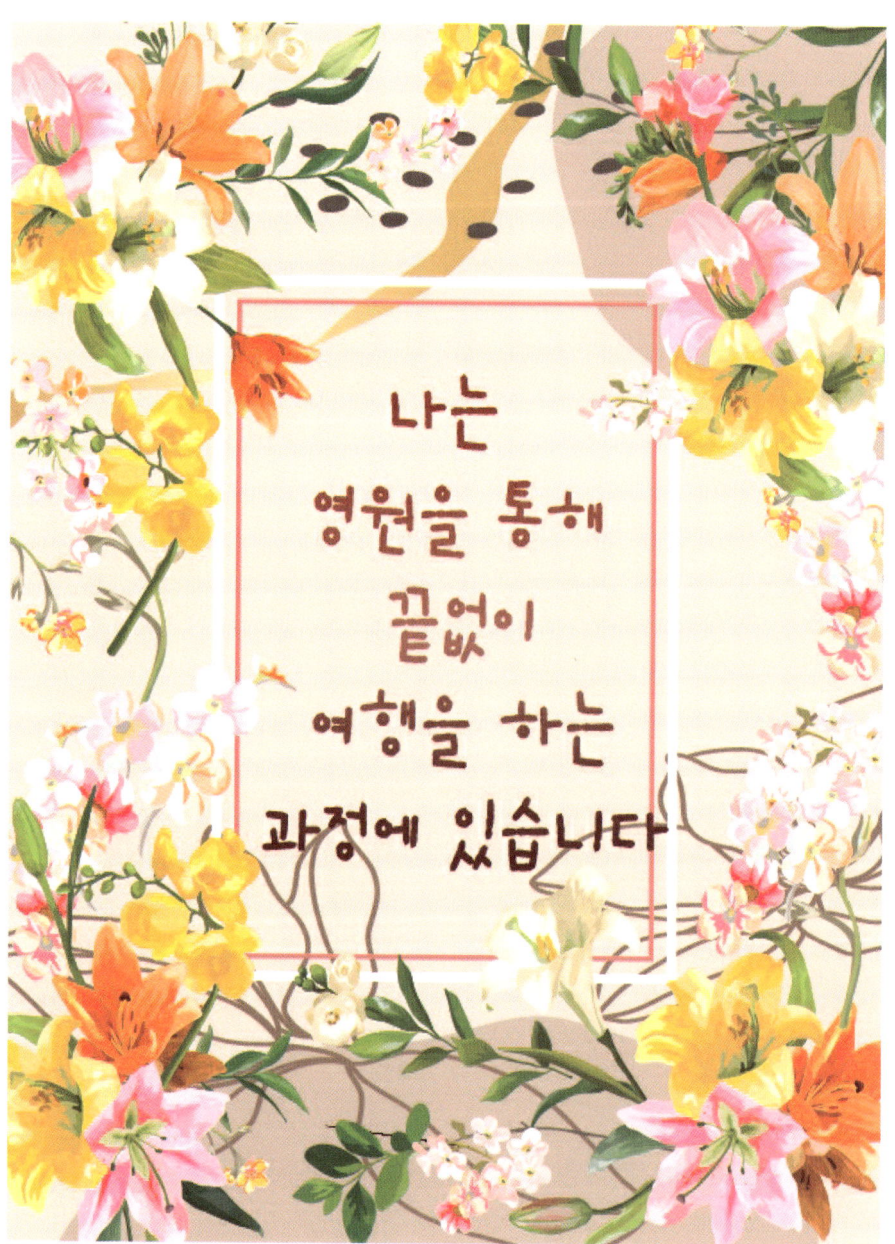

삶은 무한히 계속됩니다. 나는 그 삶 안에서 모든 것이 온전하고 완벽하다는 것을 압니다.

삶에는 시작이 있고, 성장의 시기가 있고, 존재함으로 그저 평온할 때도 있고, 주춤할 때도 있고, 나이 들어 열정이 약해질 때도 있고, 떠남의 때도 있습니다. 이러한 삶의 과정은 완벽함의 일부입니다.

나는 삶의 순환 주기와 리듬을 사랑하고 받아들입니다. 때로는 삶의 중간에 갑자기 이곳에서의 여행이 끝나기도 합니다. 그래서 신경이 쓰이고 두려움을 느낍니다.

어떤 사람은 너무 일찍 죽습니다. 혹은 예상치 못한 일이 닥쳐 삶이 부서지기도 합니다. 그러나 나는 삶이 계속해서 변화한다는 것을 압니다. 시작도 끝도 없고, 경험을 계속해 나가는 돌고 도는 영원한 반복만 있을 뿐입니다.

삶은 결코 정체되거나 고정되지 않습니다. 결코 낡고 오래된 상태로 머물지도 않습니다. 삶은 매 순간 새롭고 신선한 것이기 때문입니다.

삶에 있어서 끝은 없습니다. 모든 끝은 새로운 시작점입니다.

나는
긍정적인 생각에 머뭅니다

생각은 처음에는 작은 물방울과 같습니다. 그러나 같은 생각을 계속하면 이 생각의 물방울은 점점 커집니다. 처음엔 작은 웅덩이였다가 연못의 크기가 됩니다. 생각이 계속되면 연못은 호수로, 호수는 바다가 됩니다.

그 생각이 부정적인 것이라면, 나는 부정성의 바다에 빠져 익사할 수도 있습니다. 반대로 그 생각이 긍정적인 것이라면, 나는 삶이라는 큰 바다를 유유자적 떠다니며 삶을 즐길 수 있습니다.

나는 여기 있어야 할 완벽한 시간대에 있습니다

나는 영원히 끝나지 않은 여행을 하는 중입니다. 지구라는 행성에서 보내는 시간은 눈 깜짝할 사이에 지나갑니다.

나는 삶의 교훈들을 배우고, 영적 성장을 하며, 사랑하는 능력을 확장하기 위해 이 행성에 왔습니다.

나는 내가 있어야 할 완벽한 시간대에 있습니다. 그리고 항상 삶이라는 영화 중간에 왔다가 그것이 계속 상영되고 있을 때 떠납니다.

나는 나의 특별한 임무를 모두 수행했을 때 이 세상을 떠납니다. 나는 자신을 더 사랑하는 법을 배우기 위해, 내 주변에 있는 사람들과 사랑을 나누고 베풀기 위해 이곳으로 왔습니다.

나는 가슴을 열어 의식의 보다 깊은 차원으로 들어갑니다. 내가 이 세상을 떠날 때 가져갈 수 있는 유일한 것은 오직 사랑하는 능력입니다.

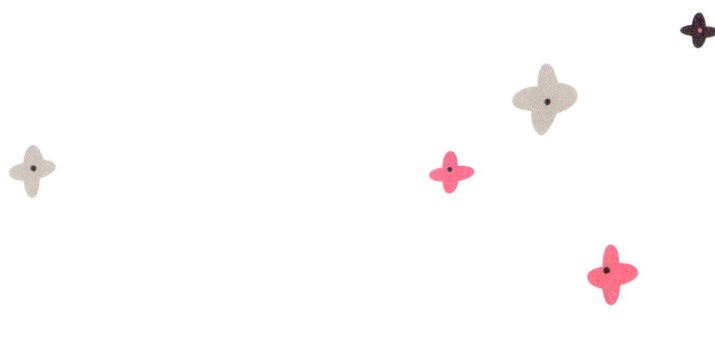

나는 자신을 있는 그대로 온전히 사랑하고 받아들입니다. 내가 어디에 있든 나는 나를 믿고 지지합니다.

나는 가슴에 손을 얹고 그곳에 이미 존재하는 사랑을 느낍니다. 그 사랑은 나를 있는 그대로 받아들일 수 있을 만큼 충분히 큽니다.

나는 내 몸무게와 키, 생김새, 성별을 받아들입니다. 그리고 내가 과거와 현재에 창조한 모든 경험을 받아들입니다.

나는 멋진 미래가 일어나는 것을 기꺼이 허용하겠습니다. 나는 신성한 삶의 감동적인 표현입니다. 나는 최상의 것들을 받을 가치가 있는 사람입니다. 나는 지금 나를 위해 이 진실을 받아들입니다.

나는 기적을 받아들입니다. 그리고 무엇보다도 먼저 나를 받아들입니다. 나는 소중한 존재입니다. 나는 내가 될 수 있는 축복을 자신에게 내립니다.

나는 나를
지금 있는 그대로
인정하고 사랑합니다

　나는 지금 이 순간, 바로 이 자리에서 나를 사랑합니다. 몸무게가 줄어들면, 좋은 직장을 가지면, 애인을 찾으면 등 조건을 붙이고 기다릴 필요가 없습니다. 이 순간이 바로 나의 현실입니다. 자신을 사랑할 수 있는 유일한 때가 바로 지금 이 순간이란 것을 나는 알고 있습니다.

　무조건적인 사랑은 기대와 조건 없는 상태에서 나를 사랑하는 것입니다. 그것이 내가 나를 사랑하는 방식입니다.

　나는 모든 것을 있는 그대로 받아들입니다.

나는
이 지구의
모든 사람과 하나입니다

나는 선과 악이라는 두 가지 힘을 믿지 않습니다. 오직 하나의 무한한 영혼이 있다고 믿습니다. 인간은 모든 면에서 자신의 두뇌와 지혜의 도구들을 사용할 기회가 있습니다.

내가 다른 사람들에 대해 이야기할 때 그것은 사실 전부 나를 가리킵니다. 다른 이는 나의 거울입니다. 그들에 대해 말하는 것은 진실로 나에 대해 말하는 것입니다. 내가 바로 그 사람들이고, 내가 정부이자 교회이며, 내가 바로 이 지구 행성이기 때문입니다.

변화가 시작되는 그곳이 바로 내가 있을 곳입니다. 우리는 사람들이 사악하다고 너무 쉽게 이야기합니다. 사악한 이는 정녕 누구일까요?

　누군가를 그렇게 이야기할 때 그 말은 언제나 나를 가리킵니다.

나는 무한한 지성의 힘과 함께 존재합니다. 나는 신성하고 무한한 지성과 내 존재의 하나 됨을 바라봅니다. 내 지혜와 영적 이해가 높아질수록, 나는 존재의 진실한 내면과 아름다움을 표현합니다.

신성한 질서는 언제나 내 경험을 통해 나타납니다. 나에겐 내가 선택한 모든 것을 할 수 있는 시간이 충분합니다. 나는 타인과 관계를 맺는 모든 활동에서 지혜와 이해, 사랑을 표현합니다.

내가 하는 말들은 신성이 나를 보호하는 말입니다. 나는 일을 할 때 자신을 창조적인 영의 에너지를 표현하는 존재로 인식합니다. 재미있고 희망을 주는 아이디어가 내 의식을 통해 흘러나옵니다.

나는 아이디어와 영감이 떠오르면 그것을 바로 실행해 세상에 모습이 드러나게 합니다.

나는 독특하고 개성 있는 자아입니다

나는 우리 아버지가 아닙니다. 우리 어머니도 아닙니다. 나는 친척 중 어떤 이와도 같지 않습니다. 나는 학교 선생님과 같지 않고, 종교적으로 훈련받고 한계지어진 존재도 아닙니다. 나는 나 자신입니다.

나는 특별하고 독특합니다. 나는 내 능력과 개성으로 나만의 독특한 재능을 표현합니다. 누구도 나를 똑같이 흉내 낼 수 없습니다. 경쟁과 비교는 없습니다. 나는 가치 있는 존재인 나 자신을 온전히, 그리고 충분히 사랑하고 수용합니다.

나는 위대한 존재입니다. 나는 자유롭습니다. 나는 이를 내 존재를 위한 새로운 진실로 인식합니다.

나는 자연스럽게 승리합니다

자신을 사랑하기 위해 삶에서 교훈을 얻거나 배울 때, 나는 힘이 생기고 더 강해집니다. 자신에 대한 사랑은 내 의식을 희생자에서 승리자로 옮겨가게 합니다.

나를 사랑하는 것은 놀라운 경험입니다. 자신에 대해 좋은 감정을 느끼는 사람은 자연스럽게 타인의 눈에도 매력적으로 보입니다. 그런 사람은 내면에서 뿜어져 나오는 기운과 에너지 파동을 가지고 있기 때문입니다.

자신을 사랑할 줄 아는 사람은 삶에서 승리하는 성공의식을 가지고 있습니다. 나는 자신을 사랑하기 위해 기꺼이 배울 준비가 되어 있습니다. 그렇기에 지금 이 순간 나는 승리자입니다.

나는 진실로 축복받았습니다. 나에겐 자신으로 존재하고, 나를 있는 그대로의 모습으로 표현할 수 있는 멋진 기회들이 있습니다.

나는 우주의 아름다움이자 기쁨입니다. 나는 우주로부터 모든 좋은 것들을 받습니다. 나는 나를 신성한 정직함과 정의로 채웁니다. 지금 신성하고 올바른 일이 일어나고 있습니다. 결과가 어떻든지 간에 신성의 질서에 따라 일어나야 할 일은 일어납니다.

나는 그 일이 완벽하고, 관련된 모든 인연도 완벽하다는 것을 알고 있습니다. 나는 나를 창조한 힘과 하나입니다. 나는 멋지고 훌륭합니다. 나는 내 존재를 진실로 기뻐합니다. 나는 이 사실을 받아들이고 모든 일이 완벽하게 일어나도록 허용합니다.

나는 이렇게 말합니다.

"올바른 일이 일어나게 하라!"

나는 만사가 잘되고 있고, 잘될 것임을 압니다. 지금 여기 이 순간, 나의 멋진 세상에서 모든 것이 다 좋습니다.

나는 내 안에 있는
무한 지성을 믿습니다

　오직 하나의 무한 지성이 있습니다. 무한 지성은 전지전능한 힘을 가지고 지금 여기에 있습니다. 무한 지성은 어디에나 존재합니다. 이 무한 지성은 내 안에 있고, 내가 찾고 있는 모든 것에 있습니다.

　길을 잃었을 때 "나는 절대 길을 찾지 못할 거야"라고 하지 않습니다. 또 뭔가를 잃어버렸을 때 "영원히 찾지 못할 거야"라고 말하지도 않습니다.

　나는 신성한 마음 안에서는 어떤 것도 잃어버리지 않는다는 것을 알고 있습니다. 나는 나를 올바른 길로 안내해주는 내 안의 무한 지성의 힘을 믿습니다.

나는
조화로운
완전체의 일부입니다

나는 하나의 마음을 통해 조화롭게 표현되는 신성한 아이디어입니다. 내가 하는 모든 일은 '나의 존재와 삶의 진실'이라는 하나의 진리에 기초합니다.

나는 매 순간 신성한 질서에 의해서 올바른 행동을 하도록 안내받습니다.

나는 적절한 시간에 올바른 말을 하게 될 것이고, 항상 올바른 행동을 하는 길을 따를 것입니다.

우리 모두는 조화로운 완전체입니다. 나도 조화로운 완전체의 일부분입니다. 생산적인 방법으로 서로를 지지하고 격려하며 일할 때 즐거움과 성취감이 생기고, 서로의 에너지가 섞이면서 신성한 에너지 조합이 이뤄집니다.

나는 건강합니다.

나는 행복합니다.

나는 사랑합니다.

나는 즐겁습니다.

나는 존경받습니다.

나는 돕습니다.

나는 생산적입니다.

나는 자신은 물론 타인들과 평화롭게 지냅니다.

나에게는 세상에 둘도 없는 가족이 있습니다. 가족과 나는 우리만의 방식으로 서로 마음을 나눕니다. 나는 이것이 가족만의 특별함이란 것을 알고 있습니다.

나는 다른 사람들과 사회의 편견에 나를 가두지 않습니다. 나는 그런 편견보다 훨씬 뛰어난 사람입니다.

나에겐 사랑으로부터 온 가족이 있습니다. 나는 우리 가족 구성원 모두가 독특한 개성이 있는 존재란 것을 압니다. 나는 가족을 사랑하고, 이 멋진 존재들을 존중하고 받아들입니다. 그리고 나도 가족에게 사랑과 존중을 받습니다.

나는 특별하며 사랑받을 가치가 있습니다.

나는 가족 안에서 안전합니다.

나의 세상에서는 모든 것이 다 좋습니다.

나는
기꺼이 변화하고
성장합니다

나는 기꺼이 새로운 것들을 배우겠습니다. 내가 모든 것을 알지는 못한다는 사실을 알기 때문입니다. 나는 기꺼이 오래된 관습과 관념을 내려놓습니다. 오래된 신념은 더 이상 제대로 작동하지 않기에 필요 없는 것은 그만 던져 버립니다.

나는 나의 현재를 있는 그대로 보고 이렇게 말할 것입니다.

"과거에 효과 있었던 방식이 이제 제대로 작동하지 않는다면 그만 내려놓을 거야. 나는 더 이상 과거의 방식에 집착하지 않아."

'더 좋은 사람'이란 말은 '충분히 좋지 않다'라는 뜻을 포함하고 있습니다. 그렇기에 나는 더 좋은 사람이 되는 대신 '있는 그대로의 자신'이 되는 쪽을 택하겠습니다.

변화하고 성장하는 것은 흥미로운 일입니다. 물론 나의 내면을 들여다보는 것은 때로 고통스럽지만, 그래야만 변화하고 성장할 수 있기에 나는 기꺼이 새로운 내가 되겠습니다.

나는
내면의 지혜를
따릅니다

내면의 지혜는 모든 답을 알고 있습니다. 때론 그 사실을 아는 것이 두렵기도 합니다. 내면의 지혜에서 얻은 대답은 친구와 가족들이 내가 하길 원하는 것과 다를 때가 있기 때문입니다. 그러나 나는 내면의 답이 나에게 올바르다는 것을 압니다.

내면의 지혜를 따를 때 나는 평화로워집니다. 나는 자신을 위한 올바른 선택을 하기 위해 나를 지지합니다. 의심이 생길 때면 이렇게 자신에게 물어봅니다.

'이 결정은 내 가슴의 사랑이란 공간에서 왔는가? 나를 위한 사랑에서 비롯된 것이 맞나? 이것이 지금 나를 위해 올바른 결정

인가?'

이렇게 내린 결정도 당장 다음 날, 혹은 일주일이나 한 달 뒤엔 올바르지 않다고 판단하게 될 수 있습니다. 그럴 때 나는 다시 자신에게 이렇게 물어봅니다.

"이 선택이 나를 위해 과연 올바른 것일까?"

그리고 대답합니다.

"나는 나를 사랑하고 올바른 선택을 하고 있는 중입니다."

이 세상은
지구에 있는
천국입니다

　새로운 밀레니엄 시대에 나는 세상에 좋은 에너지를 내뿜으며 함께 성장하는 영적 공동체를 봅니다. 각 구성원은 개인적인 목적을 추구하는 것에 자유롭습니다.
　나는 영혼이 성장하는 것을 가장 중요한 활동으로 보고, 개인들이 영적 성장을 하는 공동체를 창조하는 것을 돕습니다. 어떤 일과 인생을 선택하든지 우리에겐 충분한 시간과 기회가 있습니다. 돈을 버는 것과 관련하여 큰 근심은 없을 것입니다. 필요한 모든 것은 내면의 파워를 통해 얻을 수 있게 됩니다.
　교육은 이미 알고 있는 것을 기억하게 하는 과정이 될 것이고, 의식적인 자각을 통해서도 알게 될 것입니다. 더 이상 질병(불편함)은 없고 가난, 범죄, 사기도 없을 것입니다. 그러한 미래 세상이 지금 시작되었습니다.

지금 여기에서 우리 모두가 함께 시작하고 있습니다. 정말로 그러합니다.

루이스 헤이의
내면의 지혜
마음과 영혼을 위한 명상

초판 1쇄	2021년 4월 24일
초판 2쇄	2022년 1월 12일
지은이	루이스 L. 헤이
옮긴이	엄남미
펴낸이	김태은 엄남미
펴낸곳	도서출판 스타라잇
편집	손지혜
디자인	김경미
등록	2020년 3월 31일 제409-2020-000020호
주소	경기도 김포시 태장로 741, 6층 682호
전자우편	starlightbooks@naver.com
전화	070-8771-2052
팩스	0504-232-0344
ISBN	979-11-971354-8-4

www.starlightbooks.com